Write on Your Heart

쓰면서 새기는 영어

당신의 손끝에서 만나는 클래식 문학

For ～～～～～～～～～～～～～～～～～～～～

Prologue

영어에는 관심도 없던 쌍둥이 자매가 예상치 못하게 싱가포르로 이민을 가게 되며 영어를 만났고 우연히 삶 속에 들어온 새로운 친구는 취미 이자 일이자 열정이 되었습니다. 남들보다 조금 늦은 열일곱 살에 처음으로 만난 영어는 전 세계 로부터 온 친구들을 만나게 해 줬고 상상도 할 수 없는 범위의 문화예술을 즐기게 해 줬으며 흥미를 잃었던 공부에도 다시 재미와 애정을 갖게 해 줬습니다. 어린 시절, 아빠의 책장 속 책들을 통해 시작된 독서와 함께하는 여정에도 영어가 합류하며 가 볼 수 있는 세계와 만날 수 있는 인물 역시 무한하게 늘어났습니다.

시간이 지나며 영어와 문학이 우리에게 줬던 선물을 다른 사람들과도 나누고 싶다는 생각이 들었습니다. 글자를 통해 위로와 함께 영어에 대한 지식도 얻을 수 있게 해 주는 책이 있다면 얼마나 좋을까, 잠시 떠올렸던 생각이 실현되기까지 책 속 문장들은 멈추지 않고 지혜를 나누 어 주었습니다.

인류 역사가 시작된 이래 지구에 일어난 수많은 크고 작은 사건부터 일상의 사소한 노동과 경험이 서사라는 큰 물줄기가 되어 지금까지 흘러왔습니다. 유한한 시간 속을 사는 우리에겐 세상이 주는 즐거움과 삶이 가진 가능성을 진정으로 향유하고 누릴 수 있는 시간이 그리 길지 않지만 이 모든 것을 경험하고 작품으로 창조해 우리 손에 건네준 위대한 작가들이 있습니다. 그들이 종이 위에 쏟은 고뇌와 눈물, 기쁨과 열정은 수백 년이 지난 지금까지도 생생하게 살아 있습니다. 그리고 여기, 글자 안에서 세계를 보고 경험하며 삶의 지혜를 배울 수 있는 기회가 있습니다.

무한경쟁 속에서 행복을 내 것으로 만들기 위해 분투하고 그 가운데 자연이 아낌없이 주는 삶의 지혜를 만끽하며 예술과 문학이 주는 위안으로 위로를 받습니다. 사랑, 사람을 보게 하는 눈으로 세상을 바라보다 시간이 말해 주는 것들을 깨달으며 인생은 저물어 갑니다.

이 책의 마지막 페이지를 덮는 순간, 모든 이들의 마음속에 지혜와 교훈이 깊이 새겨지기를 바랍니다.

Social Media & Audio Clip

▶ YouTube

하루에 한 문장씩 써 보는 루틴을 만들기엔
유튜브 영상만큼 좋은 친구도 없지요!
영상을 보며 음원도 듣고, 직접 손으로 따라
써 보는 일련의 과정이 습관이 되는 거예요.

Instagram

피드에 올라온 사진과 함께
아름다운 문장을 마음껏 향유해 보아요.
나만의 느낌을 더해 사진으로 찍은,
세상에 하나뿐인 문장을 평생 소장할 수 있다니!

🎧 MP3 다운로드

1. www.sdedu.co.kr에 들어가서 상단 바의 '학습 자료실 → MP3'를 클릭
2. 클릭 후 들어간 페이지에서 '쓰면서 새기는 영어' 검색 후 파일 다운로드

★ 유튜브, 인스타그램은 순차적으로 업로드될 예정입니다.

Write on Your Heart

**Nature always wears
the colors of the spirit.**

자연은 항상 영의 색을 지니고 있다.

1. **그날그날 기분에 따라 테마를 골라 보세요.**

   총 7가지의 인생 테마로 나누어 클래식 문학 속 명문장을 수록했어요.

2. **집을 나설 땐 좋아하는 펜과 함께 가방에 넣어요.**

   어디를 가든 가볍게 꺼내어 읽거나 쓸 수 있게요.

3. **손으로 적어 보기 전에 소리 내어 읽어 보세요.**

   mp3 파일을 들으면서 따라 말하기를 연습해도 좋아요.

4. **맘에 드는 문장들을 골라 나만의 공간에 두세요.**

   절취선 안쪽으로 오려 내면 엽서처럼 붙여 놓고 언제든 볼 수 있어요.

5. **좋아하는 사람들과 함께 나눠 보세요.**

   The more, the merrier! 아름다운 문장은 힘이 있어요.

Nature, Ralph Waldo Emerson

always + 현재시제 일반동사 항상, 언제나

부사 always는 있는 일상적인 일을 나타내기 때문에 꼭 현재시제인 일반동사와 함께 사용합니다. 주어가 3인칭 단수일 경우 동사에 -(e)s가 붙는 것도 잊지 마세요.
\+ spirit: 정신, 명

I always wake up early in the morning.
나는 항상 아침 일찍 일어난다.

My dad always encourages me.
아버지는 항상 나를 격려해 주신다.

그 날의 문장마다 하나씩 배울 점을 알아보는 체크 포인트예요. 선생님의 설명과 예문으로 쉽게 이해할 수 있어요.

· 쓰기

Nature always wears the colors of the spirit.

이제 해당 문장을 손으로 직접 써 보세요.
배운 내용을 머릿속으로 생각하면서 천천히 쓰는 거예요.

· 새기기

다시 한 번 쓰면서 몸으로 익히고 마음에 새겨 보세요.

· 되새기기

1. Life may as properly be called an art (   ).
   다른 것들과 마찬가지로 인생 역시 예술이라 할 수 있다

2. The best books are (   ) tell you what you know already.
   최고의 책은 이미 당신이 알고 있는 것을 알려 주는 책이다

하나의 테마가 끝나고 나면 빈칸 채우기를 할 수 있는 깜짝 퀴즈가 나와요.
순서 없이 문장을 골라 보았다면 이 퀴즈가 기억을 되살리는 걸 도와줄 거예요.

Contents

무한 경쟁 속에서 살아갈 힘

The Old Man and the Sea, Ernest Hemingway 013

David Copperfield, Charles Dickens 015

Great Expectations, Charles Dickens 017

Jane Eyre, Charlotte Bronte 019

Frankenstein, Mary Shelley 021

The Time Machine, H. G. Wells 023

Jude the Obscure, Thomas Hardy 025

Great Expectations, Charles Dickens 027

Adam Bede, George Eliot 029

1984, George Orwell 031

행복은 나의 것

Emma, Jane Austen 037

A Woman of No Importance, Oscar Wilde 039

Pride and Prejudice, Jane Austen 041

Anne of Green Gables, L. M. Montgomery 043

The Mill on the Floss, George Eliot 045

Uncle Tom's Cabin, Harriet Beecher Stowe 047

The Importance of Being Earnest, Oscar Wilde 049

Pygmalion, George Bernard Shaw 051

Jane Eyre, Charlotte Bronte 053

Barnaby Rudge, Charles Dickens 055

자연이 아낌없이 주는 삶의 지혜

Nature, Ralph Waldo Emerson   061

The Mill on the Floss, George Eliot   063

Walden, Henry David Thoreau   065

Little Dorrit, Charles Dickens   067

Walden, Henry David Thoreau   069

The Awakening, Kate Chopin   071

The Stark Munro Letters, Sir Arthur Conan Doyle   073

Childe Harold's Pilgrimage, Lord Byron   075

Songs of Myself, Walt Whitman   077

Songs of Myself, Walt Whitman   079

예술과 문학의 위안

Amelia, Henry Fielding   085

1984, George Orwell   087

Middlemarch, George Eliot   089

The Warden, Anthony Trollope   091

Between the Acts, Virginia Woolf   093

Emma, Jane Austen   095

A Portrait of the Artist as a Young Man, James Joyce   097

The Prince and the Pauper, Mark Twain   099

The Picture of Dorian Gray, Oscar Wilde   101

A Portrait of the Artist as a Young Man, James Joyce   103

Contents

사랑, 사람

All's Well That Ends Well, William Shakespeare 109

A Farewell to Arms, Ernest Hemingway 111

Wuthering Heights, Emily Bronte 113

Little Women, Louisa May Alcott 115

Great Expectations, Charles Dickens 117

Emma, Jane Austen 119

Gone with the Wind, Margaret Mitchell 121

Pride and Prejudice, Jane Austen 123

A Farewell to Arms, Ernest Hemingway 125

Little Women, Louisa May Alcott 127

세상을 바라보는 눈

Fanshawe, Nathaniel Hawthorne 133

An Outcast of the Islands, Joseph Conrad 135

Jude the Obscure, Thomas Hardy 137

Robinson Crusoe, Daniel Defoe 139

The Great Gatsby, F. Scott Fitzgerald 141

Merchant of Venice, William Shakespeare 143

The Tenant of Wildfell Hall, Anne Bronte 145

Lady Windermere's Fan, Oscar Wilde 147

Emma, Jane Austen 149

For Whom the Bell Tolls, Earnest Hemingway 151

시간이 말해 주는 것들

The Picture of Dorian Gray, Oscar Wilde · 157

The Old Curiosity Shop, Charles Dickens · 159

Wreck of the Golden Mary, Charles Dickens · · · · · · · · · · · · · · · · · · 161

Coningsby, Benjamin Disraeli · 163

The Little Minister, J. M. Barrie · 165

The American Scholar, Ralph Waldo Emerson · · · · · · · · · · · · · · · · 167

Taming of the Shrew, William Shakespeare · · · · · · · · · · · · · · · · · · 169

Alice in Wonderland, Lewis Carroll · 171

The Island of Doctor Moreau, H. G. Wells · · · · · · · · · · · · · · · · · · · 173

1984, George Orwell · 175

당신의 손끝에서 만나는 클래식 문학

1

무한 경쟁 속에서
살아갈 힘

- The Old Man and the Sea, Ernest Hemingway
- David Copperfield, Charles Dickens
- Great Expectations, Charles Dickens
- Jane Eyre, Charlotte Bronte
- Frankenstein, Mary Shelley
- The Time Machine, H. G. Wells
- Jude the Obscure, Thomas Hardy
- Great Expectations, Charles Dickens
- Adam Bede, George Eliot
- 1984, George Orwell

A man can be destroyed but not defeated.

인간은 파괴될 순 있어도 패배하지는 않는다.

The Old Man and the Sea, Ernest Hemingway

can be + 과거분사 ~될 수 있다

'주어 + be동사 + 과거분사'로 이루어진 문장을 '수동태'라고 합니다. 수동태는 외부적인 영향으로 인해 주어의
상태에 변화가 있을 때 사용해요.
★ **V** defeat: 패배시키다, 물리치다

e.g. Beauty cannot be measured with just the looks.
아름다움은 외모만으로 측정될 수 없다.

e.g. Not everything that can be counted counts.
셀 수 있다고 해서 모두 의미 있는 건 아니다.

· 쓰기

A man can be destroyed but not defeated.

· 새기기

It's **in vain** to recall the past, unless it works some influence upon the present.

현재에 영향을 미치지 않는 한
과거를 회상하는 것은 헛된 일이다.

David Copperfield, Charles Dickens

in vain 헛되이, 보람 없이

중간에 다른 단어가 끼어들거나 형태의 변화 없이 늘 함께, 같은 형태로 씁니다.
★**n.** influence: 영향

e.g. You should not waste your life in vain.
네 인생을 헛되이 낭비하면 안 돼.

e.g. I have not suffered in vain.
고생한 보람이 있다.

· 쓰기

It's in vain to recall the past, unless it works some influence upon the present.

· 새기기

15

We need never
be ashamed of our tears.

우리는 우리의 눈물을 부끄러워할 필요가 없다.

Great Expectations, Charles Dickens

be ashamed of ~을/를 부끄러워하다

Of 뒤에 부끄러워하는 대상이 명사 또는 동명사의 형태로 옵니다.
*동명사: 명사 역할을 하는 동사(동사-ing)

e.g. We are not ashamed of who we are.
우리는 우리 자신을 부끄러워하지 않는다.

e.g. He was not ashamed of dancing in front of everyone.
그는 모두 앞에서 춤추기를 부끄러워하지 않았다.

· 쓰기

We need never be ashamed of our tears.

· 새기기

God did not give me my life to throw away.

하나님은 버리라고 나에게 삶을 주신 게 아니다.

Jane Eyre, Charlotte Bronte

throw away 버리다

버리는 대상이 **throw**와 **away** 사이에 들어갈 수도 있어요. 과거형은 **threw away**예요.

`e.g.` **Don't** throw away **this opportunity.**

이 기회를 날려 버리지 마.

`e.g.` **It would be a waste to** throw **these jeans** away**.**

이 청바지는 버리기 너무 아깝다.

· 쓰기

God did not give me my life to throw away.

· 새기기

I am fearless, and therefore powerful.

나는 두려움이 없기에 강력하다.

Frankenstein, Mary Shelley

therefore 그러므로, 그래서

Therefore는 인과관계를 나타낼 때 쓸 수 있는 아주 유용한 접속 부사입니다.
★ **adj.** fearless: 겁이 없는, 용감한

e.g. I think, therefore I am.
나는 생각한다. 그러므로 나는 존재한다. (데카르트)

e.g. She is very kind; therefore, everyone likes her.
그녀는 너무 친절해서 모두가 그녀를 좋아한다.

· 쓰기

I am fearless, and therefore powerful.

· 새기기

6

Wait until tomorrow, wait for the **common sense** of the morning.

내일까지 기다리라.
아침이 되면 상식이 찾아올 테니.

The Time Machine, H. G. Wells

common sense 상식, 양식

모두가 갖고 있는, 또는 가져야 할 일반적인(common) 감각, 지각(sense)이기에 '상식'이라는 단어로 해석해요.

e.g. It is common sense to keep quiet in public places.
공공장소에서 조용히 하는 것은 상식이다.

e.g. Having common sense is different from being smart.
상식이 있는 것과 똑똑한 것은 별개다.

· 쓰기

Wait until tomorrow, wait for the common sense of the morning.

· 새기기

7

Do not do an immoral thing for moral reasons!

도덕적인 이유로 부도덕한 일을 하지 말 것!

Jude the Obscure, Thomas Hardy

im- 부정 접두사

어떤 단어 앞에 im-이 붙으면 단어가 부정형으로 바뀌어요. 특히 m이나 p, 또는 b로 시작하는 형용사와 함께 많이 씁니다.

★ **adj.** moral: 도덕적인

e.g. Beethoven's immortal masterpiece!
베토벤의 불후의 명작!

e.g. Every human is imperfect.
모든 인간은 불완전하다.

· 쓰기

Do not do an immoral thing for moral reasons!

· 새기기

Ask no questions
and you'll **be told** no lies.

아무 질문도 하지 않으면 거짓을 들을 일도 없다.

Great Expectations, Charles Dickens

be told ~을/를 듣다

수동태 한 번 더 복습! 흔히 tell(told의 현재형)은 '말하다'라는 의미로 쓰지만 수동태(주어 + be동사 + 과거분사)로 쓰면 누군가 나에게 말해 준다는 의미, 즉, '듣다'로 바뀝니다. 누가 말해 주는지 그 주체가 명확하지 않을 때 이렇게 수동태를 쓸 수 있어요.

e.g. You cannot be told what to do.
사람들이 너에게 이래라 저래라 할 수 없어.

e.g. I was told to come here.
여기로 오라고 들었는데요.

· 쓰기

Ask no questions and you'll be told no lies.

· 새기기

9

Our deeds determine us,
as much as we determine our deeds.

우리가 우리의 행동을 결정하는 만큼
행동은 우리를 결정한다.

Adam Bede, George Eliot

as much as ~하는 만큼, ~정도

수를 셀 수 있는 대상과 함께 쓰는 many와 달리 much는 셀 수 없는 대상의 양을 나타낼 때 씁니다. 반대는 as little as예요.

★ V determine: 결정하다, 결심하다

e.g. I can't sleep as much as I used to.
예전만큼 잠을 잘 못 자네.

e.g. I try to stay positive as much as possible.
나는 가능한 한 긍정적인 태도를 유지하려고 노력한다.

· 쓰기

Our deeds determine us, as much as we determine our deeds.

· 새기기

10

In the face of pain there are no heroes.

고통 앞에 영웅은 없다.

1984, George Orwell

in the face of ~에 직면하여

문자 그대로 '면전面前에서'라는 뜻으로 of 뒤에 직면한 대상이나 상황이 옵니다.
★ n. pain: 고통

e.g. Do not fly in the face of Providence.
하늘의 뜻을 거스르지 말라.

e.g. I'm helpless in the face of love.
사랑 앞에선 나도 속수무책이야.

· 쓰기

In the face of pain there are no heroes.

· 새기기

1. A man can (   ) but not defeated.

    인간은 파괴될 순 있어도 패배하지는 않는다.

2. It's (   ) to recall the past, unless it works some influence

    upon the present.

    현재에 영향을 미치지 않는 한 과거를 회상하는 것은 헛된 일이다.

3. We need never (   ) our tears.

    우리는 우리의 눈물을 부끄러워할 필요가 없다.

4. God (   ) my life to throw away.

    하나님은 버리라고 나에게 삶을 주신 게 아니다.

5. I am (   ), and (   ) powerful.

    나는 두려움이 없기에 강력하다.

6. Wait until tomorrow, wait for the (   ) of the morning.

내일까지 기다리라. 아침이 되면 상식이 찾아올 테니.

7. Do not do an (   ) thing for moral reasons!

도덕적인 이유로 부도덕한 일을 하지 말 것!

8. Ask no questions and you'll (   ) no lies.

아무 질문도 하지 않으면 거짓을 들을 일도 없다.

9. Our deeds determine us, (   ) we determine our deeds.

우리가 우리의 행동을 결정하는 만큼 행동은 우리를 결정한다.

10. (   ) pain there are no heroes.

고통 앞에 영웅은 없다.

정답 1. be destroyed 2. in vain 3. be ashamed of 4. did not give me 5. fearless, therefore
6. common sense 7. immoral 8. be told 9. as much as 10. In the face of

2

행복은 나의 것

- Emma, Jane Austen
- A Woman of No Importance, Oscar Wilde
- Pride and Prejudice, Jane Austen
- Anne of Green Gables, L. M. Montgomery
- The Mill on the Floss, George Eliot
- Uncle Tom's Cabin, Harriet Beecher Stowe
- The Importance of Being Earnest, Oscar Wilde
- Pygmalion, George Bernard Shaw
- Jane Eyre, Charlotte Bronte
- Barnaby Rudge, Charles Dickens

11

You **must be** the best judge of your own happiness.

네 행복은 네가 가장 잘 판단해야 해.

Emma, Jane Austen

must be ~여야 한다, ~일 것이다

Must be 뒤에는 형용사, 동사, 명사가 다 올 수 있어요. 단, 동사는 현재진행형(-ing)으로 씁니다.
★ⓝ judge: 심판, 심사위원

e.g. The couple must be very happy now.
그 부부 지금 정말 행복하겠다.

e.g. You must be joking.
설마, 농담이겠지.

· 쓰기

You must be the best judge of your own happiness.

· 새기기

Nothing should be **out of the reach** of hope.
Life is hope.

그 어떤 것도 희망의 범주를 벗어나면 안 된다.
삶 자체가 희망이다.

A Woman of No Importance, Oscar Wilde

out of reach 손이 닿지 않는 곳에

Out of reach는 위에 언급된 정의 외에도 '연락이 닿지 않다', '능력 밖이다' 등 문맥에 따라 많은 뜻을 품고 있어요. **Reach** 앞에 소유격을 쓸 수도 있습니다.

＊소유격: my, your, her와 같이 어떤 것의 소유를 나타내는 말

e.g. **My brother is** out of reach **again.**
내 동생 또 연락이 안 되네.

e.g. **I'm sorry but it is** out of **my** reach**.**
죄송하지만 그건 제 능력 밖의 일이에요.

· 쓰기

Nothing should be out of the reach of hope. Life is hope.

· 새기기

13

I must learn to **be content** with being happier than I deserve.

분에 넘치도록 행복한 것에 만족하는 법을 배워야겠다.

Pride and Prejudice, Jane Austen

be content 자족하다, 만족하다

Content가 be동사와 함께 동사로 쓰이면 우리에게 익숙한 '내용, 함량'이라는 뜻의 명사 content와 의미가 완전히 달라져요.

e.g. I am fairly content with what I've got.
나는 내가 가진 것에 꽤 만족한다.

e.g. My dad appeared to be content to allow our marriage.
아버지는 우리의 결혼을 기꺼이 허락하실 것처럼 보였다.

· 쓰기

I must learn to be content with being happier than I deserve.

· 새기기

You can nearly always enjoy things if you **make up your mind** firmly that you will.

그렇게 하기로 굳게 마음만 먹으면
거의 언제나 무엇이든 즐길 수 있다.

Anne of Green Gables, L. M. Montgomery

make up one's mind 결심하다

뒤에 목적어가 무엇이 오느냐에 따라 '꾸며 내다'로 쓰기도 하는 **make up**은 이 문장에서처럼 **mind**와 함께 쓰면 결심한다는 뜻이 됩니다.

> e.g. I am surprised that you already made up your mind.
> 벌써 마음을 먹었다니 놀랍다.

> e.g. She made up her mind never to see him again.
> 그녀는 그를 다시는 보지 않기로 결심했다.

· 쓰기

You can nearly always enjoy things if you make up your mind firmly that you will.

· 새기기

15

One gets a bad habit of being unhappy.

사람은 불행해지는 나쁜 습관을 들인다.

a habit of ~하는 버릇[습관]

단수로 쓰며 of 뒤에 어떤 습관인지 행동(동사-ing)을 씁니다. 또는 대상이나 행동을 먼저 쓴 후 of 뒤에 지시대명사 it을 써도 좋아요.

e.g. Make a habit of writing notes.
메모하는 습관을 들이세요.

e.g. Go to bed early and make a habit of it.
일찍 잠자리에 들고 그것을 습관화하세요.

· 쓰기

One gets a bad habit of being unhappy.

· 새기기

45

Any mind that is capable of real sorrow is capable of good.

진정한 슬픔을 가질 수 있는 마음은 선한 마음도 가질 수 있다.

Uncle Tom's Cabin, Harriet Beecher Stowe

be capable of   ~할 수 있다

Be able to가 무언가를 하는 데 필요한 일반적인 능력 및 기술 등을 가지고 있다는 뜻인 데 반해 **be capable of**는 잠재적인 능력을 나타낼 때 씁니다.

`예` Only human beings are capable of reason.
인간만이 이성적인 생각을 할 수 있다.

`예` This missile is capable of traveling about 3,000 kilometers.
이 미사일은 약 3,000km를 비행할 수 있다.

· 쓰기

Any mind that is capable of real sorrow is capable of good.

· 새기기

17

The good ended happily, and the bad unhappily. That is what Fiction means.

선한 사람은 행복하게,
악한 사람은 불행하게 끝난다.
그게 소설이다.

The Importance of Being Earnest, Oscar Wilde

–ily   -ly로 끝나는 부사

y로 끝나는 형용사에서 마지막 y의 스펠링을 i로 바꾸고 -ly를 붙이면 부사가 됩니다(예외는 있어요).

★**n** fiction: 소설, 허구

e.g. The flower should be watered daily.

그 꽃은 매일 물을 주어야 해.

e.g. Luckily, I arrived there on time.

다행히도 제시간에 도착했어요.

· 쓰기

The good ended happily, and the bad unhappily. That is what fiction means.

· 새기기

18

Happy is the man who can make a living by his hobby!

취미로 생계를 유지할 수 있는 사람은 행복하여라!

Pygmalion, George Bernard Shaw

형용사 + be동사 + 주어 도치

원래 문장은 The man who can make a living by his hobby is happy.이지만 형용사를 제일 앞으로 보내 형용사를 강조합니다. 뒤따르는 관계대명사 who가 어떤 사람인지를 말해 줘요.

e.g. Blessed are the men who walk in the righteous way.

의로운 길로 걷는 자들은 복이 있다.

e.g. Lucky is the person who has found his/her vocation.

천직을 찾은 이는 운이 좋은 사람이다.

· 쓰기

Happy is the man who can make a living by his hobby!

· 새기기

19

I would always rather be happy than dignified.

난 품위 있기보다는 항상 행복할 거야.

Jane Eyre, Charlotte Bronte

would rather 차라리 ~하는 편이 낫다

두 가지를 놓고 한 가지가 낫겠다고 말할 때 씁니다. **Rather** 뒤에는 동사원형이, **than** 뒤에는 하지 않기로 한 것을 쓰세요.

> e.g. I would rather **do it myself.**
> 차라리 제가 직접 할게요.

> e.g. I would rather **exercise than go on a diet.**
> 식단 조절을 하기보단 운동을 하겠어.

· 쓰기

I would always rather be happy than dignified.

· 새기기

20

It is a poor heart that **never rejoices.**

결코 기뻐하지 않는 마음은 빈곤한 마음이다.

Barnaby Rudge, Charles Dickens

never + 일반동사　결코[절대] ~하지 않다

Never 다음에 결코 하지 않을/않은 무언가를 의미하는 동사가 옵니다.
★ⓥ rejoice: 기뻐하다, 즐거워하다

e.g. I have never read such an interesting book.
　　그렇게 재미있는 책은 처음 읽어 봤어.

e.g. I will never be lonely again.
　　다시는 외로워하지 않을 거야.

· 쓰기

It's a poor heart that never rejoices.

· 새기기

· 되새기기

1. You (   ) the best judge of your own happiness.

   네 행복은 네가 가장 잘 판단해야 해.

2. Nothing should be (   ) the (   ) of hope. Life

   is hope.

   그 어떤 것도 희망의 범주를 벗어나면 안 된다. 삶 자체가 희망이다.

3. I must learn to (   ) with being happier than I deserve.

   분에 넘치도록 행복한 것에 만족하는 법을 배워야겠다.

4. You can nearly always enjoy things if you (   ) your

   (   ) firmly that you will.

   그렇게 하기로 굳게 마음만 먹으면 거의 언제나 무엇이든 즐길 수 있다.

5. One gets (   ) bad (   ) being unhappy.

   사람은 불행해지는 나쁜 습관을 들인다.

6. Any mind that (　　　　　　) real sorrow is capable of good.

진정한 슬픔을 가질 수 있는 마음은 선한 마음도 가질 수 있다.

7. The good ended (　　　　　　), and the bad (　　　　　　). That is what Fiction means.

선한 사람은 행복하게, 악한 사람은 불행하게 끝난다. 그게 소설이다.

8. Happy is the man who can (　　　　　　) by his hobby!

취미로 생계를 유지할 수 있는 사람은 행복하여라!

9. I (　　　　　　) always (　　　　　　) be happy than dignified.

난 품위 있기보다는 항상 행복할 거야.

10. It is a poor heart that (　　　　　　).

결코 기뻐하지 않는 마음은 빈곤한 마음이다.

3

자연이 아낌없이 주는
삶의 지혜

• Nature, Ralph Waldo Emerson
• The Mill on the Floss, George Eliot
• Walden, Henry David Thoreau
• Little Dorrit, Charles Dickens
• Walden, Henry David Thoreau
• The Awakening, Kate Chopin
• The Stark Munro Letters, Sir Arthur Conan Doyle
• Childe Harold's Pilgrimage, Lord Byron
• Songs of Myself, Walt Whitman
• Songs of Myself, Walt Whitman

21

Nature always wears the colors of the spirit.

자연은 항상 영의 색을 지니고 있다.

Nature, Ralph Waldo Emerson

always + 현재시제 일반동사　항상, 언제나

부사 always는 있는 일상적인 일을 나타내기 때문에 꼭 현재시제인 일반동사와 함께 사용합니다. 주어가 3인칭 단수일 경우 동사에 -(e)s가 붙는 것도 잊지 마세요.
*n. spirit: 정신, 영

예문 I always **wake up early in the morning.**
　　나는 항상 아침 일찍 일어난다.

예문 **My dad** always **encourages me.**
　　아버지는 항상 나를 격려해 주신다.

· 쓰기

Nature always wears the colors of the spirit.

· 새기기

We could never have loved the earth so well if we had had no childhood in it.

이 땅 위에서 보낸 어린 시절이 없었다면
지구를 결코 사랑할 수 없었을 것이다.

The Mill on the Floss, George Eliot

had had   have의 과거완료

아무리 들어도 생소하게 느껴지는 과거완료 **had had**는 이전에 일어난 일이 과거에 대해 이야기하는 그 시점까지 이어지고 있었을 때 씁니다.

I had had many opportunities before I was twenty years old.
스무 살이 되기 전엔 나에게 많은 기회가 있었다.

By the time he came home, he had already had a lot of drinks.
집에 왔을 즈음, 그는 이미 술을 많이 마신 상태였다.

· 쓰기

We could never have loved the earth so well if we had had no childhood in it.

· 새기기

23

I have a room all to myself;
it is nature.

나에겐 자연이라는 나만의 방이 있다.

Walden, Henry David Thoreau

all to oneself   자기 혼자만의

Oneself를 herself, themselves 등으로 응용해서 연습해 보세요.

e.g. The boys wanted to have the toys all to them**selves**.
소년들은 모든 장난감을 그들끼리만 차지하려 했다.

e.g. You have to keep the secret all to your**self**.
이 비밀은 너 혼자서만 알아야 해.

· 쓰기

I have a room all to myself; it is nature.

· 새기기

It is not easy to walk alone
in the country
without musing upon something.

아무런 생각도 하지 않은 채 혼자 시골을 걷기는 쉽지 않다.

Little Dorrit, Charles Dickens

it is not easy to + 동사원형 ~하기 쉽지 않다

가주어 it으로 문장을 시작하고 to 뒤에는 무엇이 어려운지를 나타내는 동사원형을 씁니다.
*Ⓥ muse: 사색하다, 생각하다(명사로 쓰면 영감을 주는 존재인 '뮤즈')

- It is not easy to **learn a foreign language.**
  외국어를 배우는 건 쉬운 일이 아니에요.
- It is not easy to **be a good person at all times.**
  항상 좋은 사람이 되기란 쉽지 않네요.

· 쓰기

It is not easy to walk alone in the country without musing upon something.

· 새기기

25

A taste for the beautiful is most cultivated out of doors.

심미안은 집 밖에서 가장 높이 길러진다.

Walden, Henry David Thoreau

taste for   기호, 취향

어떤 대상을 향한 취향을 말하고 싶으면 **taste**와 함께 **for**를 쓰고 대상을 얘기해 보세요.
★Ⓥ cultivate: 함양하다, 기르다

- We have a very different taste for music.
  우리는 음악 취향이 매우 다르다.
- I have recently acquired a taste for French cuisine.
  최근에 프랑스 요리에 맛이 들었다.

· 쓰기

A taste for the beautiful is most cultivated out of doors.

· 새기기

26

Nature takes no account of moral consequences.

자연은 도덕적 결과를 고려하지 않는다.

The Awakening, Kate Chopin

take no account of 고려하지 않다, 개의치 않다

Of 뒤에 고려하지 않는 대상이 옵니다. No를 빼고 **take account of**로 만들면 반대로 '고려하다, 감안하다'라는
의미가 되겠죠?

★**n.** consequence: 결과

This policy takes no account of **reality.**

이 정책은 현실을 도외시한다.

Do you take no account of **what will happen in the future?**

넌 미래에 무슨 일이 일어날지 고려하지 않니?

· 쓰기

Nature takes no account of moral consequences.

· 새기기

27

Nature is the true revelation of the Deity to man.

자연은 인간을 향한 신의 참된 계시이다.

The Stark Munro Letters, Sir Arthur Conan Doyle

revelation 계시, 드러냄

무언가를 드러낸다는 뜻의 단어로 '폭로'라는 의미도 갖고 있습니다. 동사형으로는 **reveal**(드러내다, 밝히다),
형용사로는 **revealing**(드러내는, 보여 주는)인데 **revealing**이라는 단어는 '노출이 심한'이라는 뜻도 있어요.
★**n.** deity: 신(또는 the Deity)

　　A moment of revelation came at last.

　　마침내 계시의 순간이 왔다.

　　It was an unexpected revelation about his personal life.

　　그의 사생활에 대한 예상치 못한 폭로였다.

· 쓰기

Nature is the true revelation of the Deity to man.

· 새기기

28

There is a rapture on the lonely shore.

외로운 해변엔 황홀이 있다.

Childe Harold's Pilgrimage, Lord Byron

rapture 황홀, 환희

우리에게 익숙하지 않은 단어이지만 말로 형용할 수 없는 기쁨과 환희에 가득 찬 상태를 말할 때 딱 들어맞는 단어입니다. **Rapture**는 '휴거'라는 또 다른 의미도 있기 때문에 문맥에 맞게 잘 써야 해요.

e.g. **Her music aroused pure** rapture.
그녀의 음악은 순수한 황홀경을 불러일으켰다.

e.g. **He is in** rapture **when he looks at his baby.**
자신의 아기를 바라볼 때 그는 환희에 차오른다.

· 쓰기

There is a rapture on the lonely shore.

· 새기기

29

I believe a leaf of grass is no less than the journey-work of the stars.

나는 풀잎 하나가 별들의 여정과 다름없다고 믿는다.

no less than   ~못지 않게, ~만큼이나

'~보다 적지 않다'는 의미로 **no less than** 뒤에 양, 정도를 나타내는 단어를 가져와 비슷한 양과 정도를 표현해 보세요.

[e.g.] No less than **a hundred people visited on the opening day.**
개업 날 백 명은 족히 방문했다.

[e.g.] **It took me** no less than **a week to finish it.**
끝내는 데 거의 일주일이 걸렸다.

· 쓰기

I believe a leaf of grass is no less than the journey-work of the stars.

· 새기기

I cannot endure to waste anything so precious as autumnal sunshine by staying in the house.

가을 볕살과 같이 소중한 것을
집안에 머물면서 낭비하는 것을 참을 수 없다.

so + 형용사 + as ~와 같이, ~만큼

So와 as 사이에 비교가 되는 형용사를 넣어 응용해 보세요.
★ⓥ endure: 견디다, 참다

I have never seen anyone so beautiful as you.
너처럼 아름다운 사람은 본 적이 없어.

It's not so difficult as you think.
네가 생각하는 것만큼 그렇게 어렵지 않아.

· 쓰기

I cannot endure to waste anything so precious as autumnal sunshine by
staying in the house.

· 새기기

1. Nature (   ) the colors of the spirit.

   자연은 항상 영의 색을 지니고 있다.

2. We could never have loved the earth so well if we (   ) no
   childhood in it.

   이 땅 위에서 보낸 어린 시절이 없었다면 지구를 결코 사랑할 수 없었을 것이다.

3. I have a room (   ); it is nature.

   나에겐 자연이라는 나만의 방이 있다.

4. It is (   ) walk alone in the country without musing upon
   something.

   아무런 생각도 하지 않은 채 혼자 시골을 걷기는 쉽지 않다.

5. A (   ) the beautiful is most cultivated out of doors.

   심미안은 집 밖에서 가장 높이 길러진다.

6. Nature takes no (　　　　　　　) moral consequences.

자연은 도덕적 결과를 고려하지 않는다.

7. Nature is the true (　　　　　　　) of the Deity to man.

자연은 인간을 향한 신의 참된 계시이다.

8. There is a (　　　　　　　) on the lonely shore.

외로운 해변엔 황홀이 있다.

9. I believe a leaf of grass is (　　　　　　　) the journey-work of the stars.

나는 풀잎 하나가 별들의 여정과 다름없다고 믿는다.

10. I cannot endure to waste anything (　　　　　　　) precious (　　　　　　　) autumnal sunshine by staying in the house.

가을 햇살과 같이 소중한 것을 집안에 머물면서 낭비하는 것을 참을 수 없다.

Write on Your Heart

4

예술과 문학의 위안

• Amelia, Henry Fielding
• 1984, George Orwell
• Middlemarch, George Eliot
• The Warden, Anthony Trollope
• Between the Acts, Virginia Woolf
• Emma, Jane Austen
• A Portrait of the Artist as a Young Man, James Joyce
• The Prince and the Pauper, Mark Twain
• The Picture of Dorian Gray, Oscar Wilde
• A Portrait of the Artist as a Young Man, James Joyce

31

Life may as properly be called an art as any other.

다른 것들과 마찬가지로
인생 역시 예술이라 할 수 있다.

Amelia, Henry Fielding

as any other 다른 ~만큼

Any는 '아무거나, 무엇이든'이라는 뜻을 갖고 있습니다. 따라서 as와 함께 쓰면 '다른 ~만큼', 또는 '~와 같은' 이라는 뜻이 됩니다.

★**adv.** properly: 당연히, 마땅히

e.g. It was just the same as any other day.

다른 날과 다를 것 없는 날이었다.

e.g. I am as happy as any other man in the world.

난 세상의 다른 사람만큼이나 행복하다.

· 쓰기

Life may as properly be called an art as any other.

· 새기기

32

The best books are those that tell you what you know already.

최고의 책은 이미 당신이 알고 있는 것을
알려 주는 책이다.

1984, George Orwell

those that ~한 것, ~인 것

Those는 그룹을 지칭하는 단어로 that 뒤에 어떤 그룹인지 설명하는 말이 옵니다.

> **e.g.** Throw away those that are too old.
> 너무 오래된 것들은 버려요.

> **e.g.** He put all those that opposed him into prison.
> 그는 자기에게 반대하는 모든 사람을 감옥에 처넣었다.

· 쓰기

The best books are those that tell you what you know already.

· 새기기

33

It is always fatal to have music or poetry interrupted.

음악이나 시가 중단되는 것은 늘 치명적이다.

Middlemarch, George Eliot

have A 과거분사 A를 ~하게 하다

Have와 동사 사이에 영향을 받은 대상이 오며 내가 직접 하진 않았지만 그 대상으로 하여금 어떤 행동을 하게 했을 때 쓸 수 있어요.
*adj. fatal: 치명적인, 돌이킬 수 없는

> e.g. We had **breakfast** delivered to our room.
> 우리는 아침 식사를 방으로 배달시켰다.

> e.g. Did you have **your car** repaired?
> 자동차 수리했니?

· 쓰기

It is always fatal to have music or poetry interrupted.

· 새기기

34

What on earth could be more luxurious than a sofa, a book, and a cup of coffee?

소파, 책, 그리고 커피 한 잔보다 더 럭셔리한 게 또 있을까?

The Warden, Anthony Trollope

의문부사 + on earth 도대체

어떤 의문부사가 앞에 오느냐에 따라 어떻게, 왜, 어디서, 누가 등을 강조하는 표현이 됩니다. 직역하면 '이 지구 상에서 대체' 정도로 해석할 수 있겠네요.

9.9 **Who** on earth **is that?**
저 사람은 대체 누구죠?

9.9 **Where** on earth **are you right now?**
너 도대체 지금 어디니?

· 쓰기

What on earth could be more luxurious than a sofa, a book, and a cup of coffee?

· 새기기

35

Books are the mirrors of the soul.

책은 혼¹의 거울이다.

Between the Acts, Virginia Woolf

---

¹⁾ Spirit은 '영', soul은 '혼'이므로 '영혼'이라 쓰지 않고 '영'과 '혼'을 구분하여 표기하는 게 더 정확합니다.

명사-(e)s + are 명사의 복수형

간과하기 쉽지만 영어에서는 굉장히 중요한 것이 바로 복수형의 올바른 사용입니다. 특히 불특정 다수가 주어일 때에는 a 또는 the를 쓰지 않고 명사에 -(e)s를 붙여 준 후 뒤따르는 be동사 역시 복수형으로 써야 해요!

e.g. Dogs are the kindest creatures of all.

　　강아지들은 가장 착한 생명체이다.

e.g. Men are born to succeed, not fail.

　　사람은 실패가 아니라 성공하기 위해 태어난다. (헨리 데이비드 소로)

· 쓰기

Books are the mirrors of the soul.

· 새기기

36

Without music,
life would be a blank to me.

음악 없이, 삶은 내게 공백일 것이다.

Emma, Jane Austen

would be ~일 것이다

단순 미래형으로 자신의 의지가 들어간 will과는 다르게 would는 미래에 대한 가정을 나타냅니다. Be 뒤에는 명사나 동명사, 형용사 등이 와요.

e.g. This song would be perfect for our wedding.
이 노래는 우리 결혼식에 완벽할 거야.

e.g. Our life together would be so interesting.
우리 둘이 함께하는 삶은 아주 흥미로울 거야.

· 쓰기

Without music, life would be a blank to me.

· 새기기

The object of the artist is the creation of the beautiful.

예술가의 목적은 아름다운 것의 창조이다.

A Portrait of the Artist as a Young Man, James Joyce

the + 형용사 형용사의 명사화

The를 형용사와 함께 쓰면 일반적인 사람들의 그룹을 지칭합니다. Beautiful은 '아름다운'이라는 형용사이지만 예문에서처럼 the와 함께 쓰면 '아름다운 것/사람'이라는 명사가 됩니다.

e.g. We have to help the poor and the underprivileged.

우리는 가난하고 불우한 사람들을 도와야 한다.

e.g. There is no rest for the wicked.

사악한 자에게는 쉼이 없다.

· 쓰기

The object of the artist is the creation of the beautiful.

· 새기기

38

A full belly is little worth where the mind is starved.

마음이 굶주린 곳에서 부른 배는 가치가 적다.

The Prince and the Pauper, Mark Twain

be worth ~할 가치가 있다

'가치', '값'이라는 명사 worth는 be동사와 함께 쓰면 무언가의 가치가 있음을 말해 주는 형용사가 됩니다.
Worth 뒤에는 명사, 대명사, 그리고 동명사가 모두 올 수 있어요.

e.g. It is worth a try.
시도해 볼 가치가 있다.

e.g. The unexamined life is not worth living.
반성하지 않는 삶은 살 가치가 없다. (소크라테스)

· 쓰기

A full belly is little worth where the mind is starved.

· 새기기

The books that the world calls immoral are books that show the world **its** own shame.

세상이 부도덕하다고 부르는 책은 세상의 수치를 보여 주는 책이다.

The Picture of Dorian Gray, Oscar Wilde

its 대명사 it의 소유격

Its와 it's는 발음이 같고 스펠링도 비슷하기 때문에 혼용/오용하는 경우가 많습니다. It's는 it is를 줄인 것으로 '그것은 ~이다/있다'이고 its는 '그것의'라는 소유격이에요.
★ **n.** shame: 수치심, 창피

e.g. The flower showed off its beauty.
꽃이 자신의 아름다움을 자랑했다.

e.g. The summer was nearing its end.
여름은 막바지에 이르고 있었다.

· 쓰기

The books that the world calls immoral are books that show the world its

own shame.

· 새기기

He wanted to cry quietly but not for himself: for the words, so beautiful and sad, like music.

그는 조용히 울고 싶었다.
자신을 위해서가 아닌, 음악처럼 아름답고 슬픈 그 말을 위해.

A Portrait of the Artist as a Young Man, James Joyce

to + 동사원형 to부정사

문장을 발전시키는 데에 있어 가장 기본이 되는 **to**부정사를 익혀 보세요.
*to부정사: 'to + 동사원형'의 형태로 보통 '~하는 것', '~하기 위해'를 의미

> e.g. It is always useful to learn a second language.
> 제2외국어를 배우는 것은 항상 유용하다.

> e.g. I am pleased to be here with you.
> 여러분과 이 자리에 함께해서 기쁩니다.

· 쓰기

He wanted to cry quietly but not for himself: for the words, so beautiful
and sad, like music.

· 새기기

· 되새기기

1. Life may as properly be called an art (   ).

    다른 것들과 마찬가지로 인생 역시 예술이라 할 수 있다.

2. The best books are (   ) tell you what you know already.

    최고의 책은 이미 당신이 알고 있는 것을 알려 주는 책이다.

3. It is always fatal to (   ) music or poetry (   ).

    음악이나 시가 중단되는 것은 늘 치명적이다.

4. (   ) could be more luxurious than a sofa, a book, and a

    cup of coffee?

    소파, 책, 그리고 커피 한 잔보다 더 럭셔리한 게 또 있을까?

5. (   ) the mirrors of the soul.

    책은 혼의 거울이다.

6. Without music, life (   ) a blank to me.

음악 없이, 삶은 내게 공백일 것이다.

7. The object of the artist is the creation of (   ).

예술가의 목적은 아름다운 것의 창조이다.

8. A full belly (   ) little (   ) where the mind is

starved.

마음이 굶주린 곳에서 부른 배는 가치가 적다.

9. The books that the world calls immoral are books that show the world

(   ).

세상이 부도덕하다고 부르는 책은 세상의 수치를 보여 주는 책이다.

10. He wanted (   ) quietly but not for himself: for the words,

so beautiful and sad, like music.

그는 조용히 울고 싶었다. 자신을 위해서가 아닌, 음악처럼 아름답고 슬픈 그 말을 위해.

Write on Your Heart

5

사랑, 사람

• All's Well That Ends Well, William Shakespeare
• A Farewell to Arms, Ernest Hemingway
• Wuthering Heights, Emily Bronte
• Little Women, Louisa May Alcott
• Great Expectations, Charles Dickens
• Emma, Jane Austen
• Gone with the Wind, Margaret Mitchell
• Pride and Prejudice, Jane Austen
• A Farewell to Arms, Ernest Hemingway
• Little Women, Louisa May Alcott

41

Love all, trust a few, do wrong to none.

모든 이를 사랑하고, 소수를 신뢰하며 아무에게도 잘못하지 말라.

All's Well That Ends Well, William Shakespeare

a few   어느 정도, 조금

A few 뒤에는 셀 수 있는 명사가 붙고 셀 수 없는 명사에는 **a little**을 써요. '조금 있다'라고 긍정적 어감을 줄 때는 **a few**를, '거의 없다'는 부정적 어감을 줄 때는 **few**를 씁니다.

> **e.g.** It only took a few minutes.
> 겨우 몇 분밖에 안 걸렸어.

> **e.g.** I have a few friends.
> 나에게는 친구가 몇 명 있다.

· 쓰기

Love all, trust a few, do wrong to none.

· 새기기

42

But we were never lonely and never afraid when we were together.

그러나 우리는 함께 있을 때
결코 외롭지 않았고 결코 두렵지 않았다.

A Farewell to Arms, Ernest Hemingway

never + 형용사   결코 ~하지 않다

Be동사와 never 뒤에 형용사를 사용하여 '결코 어떠한 감정/상태를 느끼지 않는다'와 같은 뜻의 문장을 만들어 보세요.

e.g. I am never bored when I am with you.

너와 함께 있을 때면 결코 지루하지 않아.

e.g. We are never too old to play a musical instrument.

악기를 연주하기에 우린 결코 나이가 많지 않다.

· 쓰기

But we were never lonely and never afraid when we were together.

· 새기기

43

Whatever our souls are made of, his and mine are the same.

우리의 혼이 무엇으로 만들어져 있든,
그와 나의 것은 같다.

Wuthering Heights, Emily Bronte

whatever ~이든 간에

'무엇이든지, 아무거나'라고 말하고 싶을 때 **whatever**를 써 보세요. 참고로, **-ever** 앞에 **what** 대신 **when**, **how**, **who** 등의 다른 의문부사를 붙이면 다양한 문장을 만들 수 있습니다.

예 **Whatever** you decide, I'm with you.
네가 어떤 결정을 하든 나는 네 편이야.

예 Call me when**ever** you can.
언제든 전화할 수 있을 때 전화해.

· 쓰기

Whatever our souls are made of, his and mine are the same.

· 새기기

44

Love casts out fear,
and gratitude can conquer pride.

사랑은 두려움을 물리치고
감사는 교만을 이길 수 있다.

Little Women, Louisa May Alcott

cast out 물리치다, 쫓아내다

Cast out 뒤에 물리치는 대상이 오는데 단어가 짧거나 대명사인 경우에는 **cast**와 **out** 사이에 씁니다. 과거형도
cast로 동일해요.
* **V** conquer: 이기다, 정복하다

e.g. We have to cast out the old habits.
우리는 옛 습관을 버려야 한다.

e.g. They cast the boar out of the village.
그들은 멧돼지를 마을 밖으로 쫓아냈다.

· 쓰기

Love casts out fear, and gratitude can conquer pride.

· 새기기

I loved her against reason, against promise, against peace, against hope, against happiness, against all discouragement that could be.

나는 이성, 약속, 평화, 희망, 행복,
나를 좌절하게 할 수 있는 모든 것에 맞서 그녀를 사랑했다.

against ~에 맞서

전치사 **against** 뒤에 다양한 명사를 사용하여 무언가에 맞선다고 말할 수 있습니다. 문맥에 따라 '~와 대비하여, ~의 반대 방향인' 등의 의미로 쓰기도 합니다.

★**n.** reason: 이성, 이유

e.g. Against all odds, they fell in love.
모든 역경에도 불구하고 그들은 사랑에 빠졌다.

e.g. The vaccine provides immunity against the flu.
그 백신은 독감 면역력이 생기게 해 준다.

· 쓰기

I loved her against reason, against promise, against peace, against hope, against happiness, against all discouragement that could be.

· 새기기

There are people, who the more you do for them, the less they will do for themselves.

더 많이 해 줄수록 스스로 덜 하는 사람들이 있다.

Emma, Jane Austen

the more **A**, the less **B**   A하면 할수록 더욱 B하지 않다

무언가를 더 많이 할수록 반대로 다른 하나는 덜하거나 적다는 비교급 구문입니다. **More**와 **less**의 순서가 바뀔 수 있으며, 비교급 앞에 관사 **the**를 꼭 붙여 주세요.

e.g. The more **I learn,** the less **I realize I know.**
배울수록 더욱 더 나의 무지함을 깨닫게 된다. (소크라테스)

e.g. The less **people think,** the more **they talk.**
사람들은 생각을 덜 할수록 말을 더 많이 한다.

· 쓰기

There are people, who the more you do for them, the less they will do for themselves.

· 새기기

47

Tomorrow,
I'll think of some way to get him back.
After all, tomorrow is another day.

내일, 그를 되찾을 방법을 생각해 봐야지.
결국 내일은 또 다른 날이니까.

Gone with the Wind, Margaret Mitchell

after all 결국에는, 어쨌든

After all을 사용해서 예상과는 다른 상황을 설명하거나 앞서 했던 말을 지지하는 추가적인 이유를 덧붙여 말해 보세요.

- **We made it** after all!

  우리가 결국에는 해냈어!

- **Suddenly, the future doesn't look so gloomy** after all.

  갑자기 결국에는 미래가 그렇게 우울하지 않을 것 같아요.

· 쓰기

Tomorrow, I'll think of some way to get him back. After all, tomorrow is another day.

· 새기기

48

You must allow me to tell you how ardently I admire and love you.

내가 당신을 얼마나 열렬히 흠모하며 사랑하는지
말할 수 있게 허락해 주기를.

Pride and Prejudice, Jane Austen

allow **A** to 동사원형 A를 ~하도록 허락하다

누군가에게 무언가를 할 수 있는 권한을 줄 때 쓰는 표현으로, 반대로 허락을 구할 때는 **please**를 사용하여 더 공손하게 표현하거나 **Am I allowed to ~?**와 같이 수동태 의문문을 사용할 수도 있습니다.

e.g. I will allow you to marry my daughter.
내 딸과의 결혼을 허락하겠네.

e.g. Am I allowed to bring my children here?
제 아이들을 여기에 데려와도 괜찮나요?

· 쓰기

You must allow me to tell you how ardently I admire and love you.

· 새기기

49

We **could feel** alone when we were together, alone against the others.

우린 함께 있을 때 다른 이들에 맞서 고독함을 느낄 수 있었다.

A Farewell to Arms, Ernest Hemingway

could feel 느낄 수 있었다

Feel 뒤에 형용사를 써 '어떠한 상태'를 느낀 것을 표현하거나 명사(+ 동사-ing)를 써 '무언가'를 느꼈다는 것을
말할 수도 있습니다.

예) I **could feel** myself blushing.
나는 얼굴이 붉어지는 걸 느낄 수 있었다.

예) We **could feel** the gentle breeze and fresh air.
우리는 산들바람과 상쾌한 공기를 느낄 수 있었다.

· 쓰기

We could feel alone when we were together, alone against the others.

· 새기기

50

Love is a great beautifier.

사랑은 훌륭한 화장품이다.

Little Women, Louisa May Alcott

-fier -fy + -er로 끝나는 명사

'~화하다, ~하게 하다'라는 뜻으로 상태가 변함을 나타내는 -fy로 끝나는 동사들이 있어요(e.g. beautify, purify). 여기에서 마지막 스펠링 y를 i로 바꾸고 접미사 -er을 붙이면 '무엇을 하는 사람이나 도구, 기계' 등을 나타내는 단어를 만들 수 있어요.

e.g. Could you turn on the humidifier please?

가습기를 켜 주시겠어요?

e.g. You have to connect the microphone to an amplifier.

마이크를 앰프에 연결해야 해요.

· 쓰기

Love is a great beautifier.

· 새기기

127

· 되새기기

1. Love all, trust (   ), do wrong to none.

   모든 이를 사랑하고, 소수를 신뢰하며 아무에게도 잘못하지 말라.

2. But we were (   ) and (   ) when we were together.

   그러나 우리는 함께 있을 때 결코 외롭지 않았고 결코 두렵지 않았다.

3. (   ) our souls are made of, his and mine are the same.

   우리의 혼이 무엇으로 만들어져 있든, 그와 나의 것은 같다.

4. Love (   ) fear, and gratitude can conquer pride.

   사랑은 두려움을 물리치고 감사는 교만을 이길 수 있다.

5. I loved her (   ) reason, (   ) promise,
   (   ) peace, (   ) hope, (   )
   happiness, (   ) all discouragement that could be.

   나는 이성, 약속, 평화, 희망, 행복, 나를 좌절하게 할 수 있는 모든 것에 맞서 그녀를 사랑했다.

6. There are people, who (　　　　　) you do for them,

(　　　　　) they will do for themselves.

더 많이 해 줄수록 스스로 덜 하는 사람들이 있다.

7. Tomorrow, I'll think of some way to get him back. (　　　　　),

tomorrow is another day.

내일, 그를 되찾을 방법을 생각해 봐야지. 결국 내일은 또 다른 날이니까.

8. You must (　　　　　) me (　　　　　) tell you how ardently I

admire and love you.

내가 당신을 얼마나 열렬히 흠모하며 사랑하는지 말할 수 있게 허락해 주기를.

9. We (　　　　　) alone when we were together, alone against the

others.

우린 함께 있을 때 다른 이들에 맞서 고독함을 느낄 수 있었다.

10. Love is a great (　　　　　).

사랑은 훌륭한 화장품이다.

Write on Your Heart

6

세상을 바라보는 눈

• Fanshawe, Nathaniel Hawthorne
• An Outcast of the Islands, Joseph Conrad
• Jude the Obscure, Thomas Hardy
• Robinson Crusoe, Daniel Defoe
• The Great Gatsby, F. Scott Fitzgerald
• Merchant of Venice, William Shakespeare
• The Tenant of Wildfell Hall, Anne Bronte
• Lady Windermere's Fan, Oscar Wilde
• Emma, Jane Austen
• For Whom the Bell Tolls, Earnest Hemingway

51

A **single** dream is more powerful than a thousand realities.

하나의 꿈은 천 개의 현실보다 강력하다.

Fanshawe, Nathaniel Hawthorne

single 하나의, 단일의

형용사이기 때문에 뒤에 명사가 붙지 않는 한 앞에 관사를 붙이지 않아요(**c.f.** I'm a single.은 틀린 표현).
*관사: 명사 앞에 붙어서 그 명사의 뜻에 제한을 두는 낱말로 영어에는 부정관사 a(n)와 정관사 the가 있음

e.g. The house is ideal for single people living alone.
이 집은 혼자 사는 독신들에게 이상적이야.

e.g. Every single time my mom calls, I'm out.
엄마가 전화를 할 때마다 매번 나는 외출을 하고 없다.

· 쓰기

A single dream is more powerful than a thousand realities.

· 새기기

52

It's only those who do nothing that make no mistakes, I suppose.

아무것도 하지 않는 사람이 아무 실수도 하지 않는 것 같다.

An Outcast of the Islands, Joseph Conrad

those who ~한 사람들, ~인 사람들

앞서 나온 **those that**에서 **that** 대신 **who**를 넣어 복습해 봅니다.

e.g. Good things come to those who wait.
기다리는 자에게 복이 있다.

e.g. Adventure is for those who take a risk.
모험은 위험을 감수하는 사람들을 위한 것이다.

· 쓰기

It's only those who do nothing that make no mistakes, I suppose.

· 새기기

Be a good boy, remember; and be kind to animals and birds, and read **all you can**.

좋은 아이가 되어라. 기억하렴.
동물과 새들에게 친절하고 가능한 한 책을 많이 읽어야 한다.

Jude the Obscure, Thomas Hardy

all **you** can 가능한 만큼

'제한 없이 할 수 있는 만큼'이라는 뜻으로 무한 리필은 영어로 **all you can eat**이라고 합니다.

> **e.g.** Is that all you can come up with?
> 그게 네가 생각해 낼 수 있는 전부이니?

> **e.g.** Right now, all I can do is wait.
> 지금 내가 할 수 있는 일은 기다리는 거야.

· 쓰기

Be a good boy, remember; and be kind to animals and birds, and read all you can.

· 새기기

54

Today we love **what** tomorrow we hate;
today we seek **what** tomorrow we shun;
today we desire **what** tomorrow we fear.

오늘 우리는 내일 증오할 것을 사랑하며,
오늘 우리는 내일 피할 것을 추구하고,
오늘 우리는 내일 두려워할 것을 갈망한다.

Robinson Crusoe, Daniel Defoe

관계대명사 what ~하는 것, ~하는 일

관계대명사 that과 다르게 선행사를 이미 포함하고 있기 때문에 선행사 없이 쓰여요. 문장 내에서 명사 역할을 해서 뒤에는 불완전한 문장이 옵니다.
*선행사: 관계대명사 앞에 위치하는 명사
* V seek: 찾다, 구하다

e.g. That's what I'm talking about.
내 말이 그 말이야.

e.g. What's important is what you believe.
중요한 건 네가 무엇을 믿는지야.

· 쓰기

Today we love what tomorrow we hate; today we seek what tomorrow we shun; today we desire what tomorrow we fear.

· 새기기

55

Reserving judgments is a matter of infinite hope.

판단을 유보하는 것은 무한한 희망의 문제이다.

The Great Gatsby, F. Scott Fitzgerald

a matter of ~의 문제

A matter of 뒤에 시간이 나오면 '겨우(불과) ~의 시간'이라는 뜻으로 시간의 짧음을 강조할 수도 있어요. 또 다른 잘 알려진 표현으로는 '사실'이라는 뜻의 **as a matter of fact**가 있습니다.

e.g. You must deal with this as a matter of urgency.
이 문제를 긴급하게 다루어야 한다.

e.g. It was just a matter of time.
그것은 단지 시간 문제일 뿐이었어.

· 쓰기

Reserving judgments is a matter of infinite hope.

· 새기기

56

With mirth and laughter let old wrinkles come.

환희와 웃음으로 생기는 주름이여, 오라.

Merchant of Venice, William Shakespeare

let A 동사원형 A가 ~하게 하다

사역동사 **let**은 '**let** + 사람 또는 사물 + 동사원형'의 순서로 써서 누군가가 무엇을 할 수 있도록 허락함을 표현합니다.

*사역동사: 타인에게 어떤 행동이나 동작을 하게 만드는 동사

e.g. Let <u>me</u> be the one for you.

널 위한 사람이 될게.

e.g. Let <u>it</u> snow!

눈아 내려라!

· 쓰기

With mirth and laughter let old wrinkles come.

· 새기기

If I hate the sins, I love the sinner, and would do much for his salvation.

나는 죄를 미워해도 죄인은 사랑하며
그의 구원을 위해 많은 일을 할 것이다.

The Tenant of Wildfell Hall, Anne Bronte

salvation 구원

'저장하다'라는 뜻으로 가장 널리 알려진 **save**가 동사형입니다. **Salvation Army**(구세군)라는 단어 많이 들어 보셨죠?

`e.g.` We must pray for the salvation of the world.
우리는 세상의 구원을 위해 기도해야 한다.

`e.g.` They believe that people can come to salvation through faith.
그들은 사람들이 믿음으로 구원에 이를 수 있다고 믿는다.

· 쓰기

If I hate the sins, I love the sinner, and would do much for his salvation.

· 새기기

58

It's absurd to divide people into good and bad.
People are **either** charming **or** tedious.

사람을 선과 악으로 나누는 것은 어리석은 일이다.
사람은 매력적이거나 지루하거나 둘 중 하나다.

Lady Windermere's Fan, Oscar Wilde

either **A or B** 이것(A) 아니면 저것(B)

두 가지 선택권이 있을 때 **either**를 씁니다. 부정형으로는 **neither A nor B**(둘 중 어느 것도 아니다)의 형태로 쓸 수 있어요.

e.g. I've saved some money to buy either <u>a laptop computer</u> or <u>a cell phone</u>.
노트북이나 휴대폰 중에 하나를 사기 위해 돈을 조금 모아 뒀어.

e.g. You can stay either <u>with me</u> or <u>with your mom</u>.
나랑 머물거나 너희 엄마랑 머물거나 둘 중 하나야.

· 쓰기

It's absurd to divide people into good and bad. People are either charming or tedious.

· 새기기

59

There is no charm
equal to tenderness of heart.

마음의 친절함에 필적하는 매력은 없다.

Emma, Jane Austen

equal to ~와 동등한

주어와 to 뒤에 나오는 단어가 동등함을 나타내는 표현입니다. 여기에서 to는 전치사 to이므로 뒤에는 명사가 와야 합니다. 누군가 어떤 일을 감당할 수 있다고 말할 때에도 이 표현을 쓸 수 있어요.
★**n.** tenderness: 친절함, 상냥함

e.g. One kilogram is approximately equal to 2.2 lb.
1 킬로그램은 대략 2.2 파운드이다.

e.g. Parents are equal to anything.
부모들은 무슨 일이든지 해낼 수 있다.

· 쓰기

There is no charm equal to tenderness of heart.

· 새기기

60

The world is a fine place and worth fighting for.

세상은 좋은 곳이며 싸울 가치가 있는 곳이다.

For Whom the Bell Tolls, Earnest Hemingway

worth + 동사-ing ~할 가치가 있는

앞에 나온 **be worth**와 같은 표현으로 이번엔 뒤에 동명사형을 넣어 연습해 봅니다.

e.g. Do you think it's worth spending this much money?

이 정도의 돈을 쓸 가치가 있다고 생각해?

e.g. This book is worth reading more than twice.

이 책은 두 번 이상 읽을 가치가 있어.

· 쓰기

The world is a fine place and worth fighting for.

· 새기기

· 되새기기

1. A (   ) dream is more powerful than a thousand realities.

    하나의 꿈은 천 개의 현실보다 강력하다.

2. It's only (   ) do nothing that make no mistakes, I suppose.

    아무것도 하지 않는 사람이 아무 실수도 하지 않는 것 같다.

3. Be a good boy, remember; and be kind to animals and birds, and

    read (   ).

    좋은 아이가 되어라. 기억하렴. 동물과 새들에게 친절하고 가능한 한 책을 많이 읽어야 한다.

4. Today we love (   ) tomorrow we hate; today we seek

    (   ) tomorrow we shun; today we desire (   )

    tomorrow we fear.

    오늘 우리는 내일 증오할 것을 사랑하며, 오늘 우리는 내일 피할 것을 추구하고, 오늘 우리는 내일
    두려워할 것을 갈망한다.

5. Reserving judgments is (   ) infinite hope.

    판단을 유보하는 것은 무한한 희망의 문제이다.

6. With mirth and laughter (   ) old wrinkles (   ).

   환희와 웃음으로 생기는 주름이여, 오라.

7. If I hate the sins, I love the sinner, and would do much for his

   (   ).

   나는 죄를 미워해도 죄인은 사랑하며 그의 구원을 위해 많은 일을 할 것이다.

8. It's absurd to divide people into good and bad. People are

   (   ) charming (   ) tedious.

   사람을 선과 악으로 나누는 것은 어리석은 일이다. 사람은 매력적이거나 지루하거나 둘 중 하나다.

9. There is no charm (   ) tenderness of heart.

   마음의 친절함에 필적하는 매력은 없다.

10. The world is a fine place and (   ) fighting for.

    세상은 좋은 곳이며 싸울 가치가 있는 곳이다.

7

시간이 말해 주는 것들

- The Picture of Dorian Gray, Oscar Wilde
- The Old Curiosity Shop, Charles Dickens
- Wreck of the Golden Mary, Charles Dickens
- Coningsby, Benjamin Disraeli
- The Little Minister, J. M. Barrie
- The American Scholar, Ralph Waldo Emerson
- Taming of the Shrew, William Shakespeare
- Alice in Wonderland, Lewis Carroll
- The Island of Doctor Moreau, H. G. Wells
- 1984, George Orwell

61

The one charm of the past is that it is the past.

과거의 한 가지 매력은 그것이 과거라는 것이다.

The Picture of Dorian Gray, Oscar Wilde

접속사 that ~한다는 것

접속사 **that**은 문장과 문장을 연결해 주는 역할을 합니다. 따라서 **that** 뒤에는 완전한 문장이 와야 해요.

e.g. I'm sure that you can pull it off.
난 네가 해낼 수 있다는 걸 확신해.

e.g. Did you know that I was coming?
내가 오는 거 알고 있었어?

· 쓰기

The one charm of the past is that it is the past.

· 새기기

Death doesn't change us more than life.

죽음이 삶보다 우리를 더 바꾸진 않는다.

The Old Curiosity Shop, Charles Dickens

doesn't + 동사원형 ~하지 않는

현재 시제의 동사를 부정형으로 만들어 주기 위해서는 조동사의 도움이 필요해요. 조동사 **does** + **not** (= **doesn't**) 과 동사원형을 써서 문장을 만들어 보세요. 이때 주어는 단수형이어야 합니다.

*조동사: be동사나 일반동사 앞에서 그 동사에 특정한 의미를 더하는 동사

e.g. He doesn't know he is talented.

그는 자신이 재능 있다는 것을 모른다.

e.g. That dress does not go with those shoes.

그 드레스는 그 신발이랑 안 어울려.

· 쓰기

Death doesn't change us more than life.

· 새기기

63

Remember to the last,
that while there is life there is hope.

살아 있는 동안에는 희망이 있다는 것을
끝까지 기억하라.

Wreck of the Golden Mary, Charles Dickens

to the last 끝까지, 죽을 때까지

Last 대신 end를 써도 되며 last는 최상급이기 때문에 the를 꼭 붙여 줍니다.
*최상급: 비교 대상이 되는 것 가운데 성질이나 상태의 정도가 가장 큰 것을 나타내는 것

e.g. I will try my best from the first to the last.

나는 처음부터 끝까지 최선을 다할 것이다.

e.g. He fought for freedom to the end.

그는 마지막까지 자유를 위해 싸웠다.

· 쓰기

Remember to the last, that while there is life there is hope.

· 새기기

64

Youth is a blunder;
manhood a struggle;
old age a regret.

젊은 시절은 실수이며
성인기는 투쟁이고 노년기는 후회이다.

Coningsby, Benjamin Disraeli

⁏ (Semicolon) 세미콜론

두 개 또는 그 이상의 문장을 합치는 경우 세미콜론을 쓸 수 있으며 이를 사용함으로써 두 문장이 어느 정도 연결되어 있다는 것을 표현할 수 있습니다.

e.g. It was the best of times; it was the worst of times.

최고의 시간이었고 최악의 시간이었다. (『두 도시 이야기』 by 찰스 디킨스)

e.g. It was raining; the game was cancelled.

비가 내렸고 게임은 취소되었다.

· 쓰기

Youth is a blunder; manhood a struggle; old age a regret.

· 새기기

65

When you are **older** you will know that life is a long lesson in humility.

나이가 들면 인생이 겸손함에 대한
오랜 기간에 걸친 교훈임을 알게 될 것이다.

The Little Minister, J. M. Barrie

-er 형용사/부사의 비교급

주로 2음절 이상의 긴 단어에 쓰는 **more**와 달리 대부분의 단음절, 즉 짧은 형용사와 부사 뒤에 옵니다.

e.g. I could wait for her no longer.

나는 더 이상 그녀를 기다릴 수 없었다.

e.g. This car runs quieter than other cars.

이 차는 다른 차보다 조용히 운행한다.

· 쓰기

When you are older you will know that life is a long lesson in humility.

· 새기기

66

This time, like all times, is
a very good one,
if we but know **what to do** with it.

우리가 무엇을 해야 할지 알기만 한다면
이 시간은 모든 시간과 마찬가지로
아주 좋은 시간이다.

The American Scholar, Ralph Waldo Emerson

what + to + 동사원형 의문사 + to부정사

To 뒤에 무엇을 하는지 나타내는 동사가 나오며 **which**, **where**, **when**, **how**와 같은 다른 의문사로 대체해 응용해 보세요.

e.g. I'm not sure what to eat, chicken or pizza.
피자랑 치킨 중에 무엇을 먹어야 할지 잘 모르겠어.

e.g. Have you decided where to go for your honeymoon?
신혼여행은 어디로 갈 건지 정했어요?

· 쓰기

This time, like all times, is a very good one, if we but know what to do with it.

· 새기기

67

Sit by my side, and let the world slip: we shall never be younger.

내 곁에 앉아 세상이 흘러가게 하자.
우리가 젊어질 일은 없을 테니.

Taming of the Shrew, William Shakespeare

by one's side ~의 곁에, 옆에

비슷한 표현으로 '누군가의 편'이라는 뜻의 **on one's side**도 있어요(**e.g.** I am on your side.).

e.g. I will stay right here by your side.

나는 바로 여기에서 네 옆에 머물 거야.

e.g. Her husband spent the night at the hospital by her side.

그녀의 남편은 그녀의 옆에 꼭 붙어 병원에서 밤을 보냈다.

· 쓰기

Sit by my side, and let the world slip: we shall never be younger.

· 새기기

68

It's no use going back to yesterday, because I was a different person then!

어제로 돌아가 봤자 소용없어,
그때의 난 다른 사람이었으니까!

Alice in Wonderland, Lewis Carroll

it's no use + 동사-ing ~해 봤자 소용없다

No use라는 문자 그대로 무용지물이라는 뜻이에요. 가주어 it 또는 there와 함께 씁니다.

e.g. It's no use **crying over spilt milk.**
   엎지른 물은 도로 담을 수 없다.

e.g. There's no use **talking.**
   말할 필요가 없다.

· 쓰기

It's no use going back to yesterday, because I was a different person then!

· 새기기

69

I hope, or I could not live.

나는 희망한다, 그렇지 않으면 살 수 없기에.

The Island of Doctor Moreau, H. G. Wells

A or B A 아니면[또는] B

Or은 접속사이기 때문에 앞뒤에 오는 단어의 형태를 '동사 or 동사', '형용사 or 형용사'처럼 동일하게 맞춰 주는 것이 중요합니다.

e.g. We can watch a movie or grab some food or just rest.

영화를 봐도 되고 뭘 먹어도 되고 아니면 그냥 쉬어도 돼요.

e.g. Are you not listening to me or am I not making myself clear?

내 얘기를 안 듣는 거니 아니면 이해가 안 되는 거니?

· 쓰기

I hope, or I could not live.

· 새기기

70

The end was contained in the beginning.

끝은 시작에 포함되어 있었다.

1984, George Orwell

in the beginning 처음에, 태초에

In the beginning은 기간의 시작을 설명하는 데 씁니다. 그리고 at the beginning은 무언가의 배치를 나타낼 때 씁니다(**e.g.** You must use a capital letter at the beginning of your name.).

e.g. In the beginning God created the heaven and the earth.
처음에 하나님께서 하늘과 땅을 창조하시니라. (창세기 1장 1절)

e.g. The company was very small in the beginning, but it became a giant corporation.
회사는 처음에는 아주 작았지만, 거대 기업이 되었다.

· 쓰기

The end was contained in the beginning.

· 새기기

· 되새기기

1. The one charm of the past is (   ) it is the past.

   과거의 한 가지 매력은 그것이 과거라는 것이다.

2. Death (   ) us more than life.

   죽음이 삶보다 우리를 더 바꾸진 않는다.

3. Remember (   ), that while there is life there is hope.

   살아 있는 동안에는 희망이 있다는 것을 끝까지 기억하라.

4. Youth is a blunder(   ) manhood a struggle(   ) old age a regret.

   젊은 시절은 실수이며 성인기는 투쟁이고 노년기는 후회이다.

5. When you are (   ) you will know that life is a long lesson

   in humility.

   나이가 들면 인생이 겸손함에 대한 오랜 기간에 걸친 교훈임을 알게 될 것이다.

6. This time, like all times, is a very good one, if we but know

    (   ) with it.

    우리가 무엇을 해야 할지 알기만 한다면 이 시간은 모든 시간과 마찬가지로 아주 좋은 시간이다.

7. Sit (   ), and let the world slip: we shall never be younger.

    내 곁에 앉아 세상이 흘러가게 하자. 우리가 젊어질 일은 없을 테니.

8. (   ) going back to yesterday, because I was a different

    person then!

    어제로 돌아가 봤자 소용없어, 그때의 난 다른 사람이었으니까!

9. I (   ), (   ) I could not live.

    나는 희망한다, 그렇지 않으면 살 수 없기에.

10. The end was contained (   ).

    끝은 시작에 포함되어 있었다.

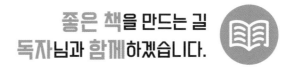

좋은 책을 만드는 길
독자님과 함께하겠습니다.

Write on Your Heart 쓰면서 새기는 영어

초 판 발 행	2022년 07월 05일
발 행 인	박영일
책 임 편 집	이해욱
저 자	고정인 · 고지인
기 획 편 집	김현진
표지디자인	김지수
편집디자인	최혜윤 · 채현주
발 행 처	시대인
공 급 처	(주)시대고시기획
출 판 등 록	제 10-1521호
주 소	서울시 마포구 큰우물로 75 [도화동 538 성지 B/D] 9F
전 화	1600-3600
팩 스	02-701-8823
홈 페 이 지	www.sdedu.co.kr
I S B N	979-11-383-2384-0(13740)
정 가	15,000원

Write On Your Heart

Make Your Own Story

Make Your Own Story